AF562415

DISCOURS

PRONONCÉ DANS L'ÉGLISE DES CAPUCINS DU MARAIS,

A l'occasion de la Bénédiction des Drapeaux de ce District, le Jeudi 17 Septembre 1789.

PAR M. DESEZE, Avocat au Parlement, & Ex-Président du District.

IMPRIMÉ PAR ORDRE DU DISTRICT.

A PARIS.

Chez CLOUSIER, Imprimeur du ROI, rue de Sorbonne.

L'Auteur de ce Discours a obéi au Comité du District, dont il a l'honneur d'être membre, en le composant la veille du jour où il a été prononcé. Il lui obéit encore en le livrant à l'impression malgré la précipitation avec laquelle il a été écrit. Mais il espère de cette déférence même, qu'il a regardée comme un devoir, qu'elle lui conciliera l'indulgence de ses lecteurs comme elle lui a concilié celle de son District.

EXTRAIT du Procès-verbal contenant le récit des cérémonies observées à la Bénédiction du Drapeau du District des Capucins du Marais.

Après la Bénédiction du Drapeau, M. Deseze, Ex-Président, a prononcé un Discours dans lequel il a si éloquemment exprimé des idées si patriotiques, que MM. du Comité auxquels se sont réunis après qu'il a eu fini plusieurs Citoyens du District, l'ont prié d'en déposer la minute pour le faire imprimer, & M. Deseze a bien voulu se rendre aux instances réitérées de ses Concitoyens. Fait le 17 Septembre 1789.

Signé LOURDET DE SANTERRE, Vice-Président.

DE LAVERGNOLLE, Secrétaire.

DISCOURS

Pour la Bénédiction des Drapeaux du District des Capucins du Marais. Prononcé le Jeudi 17 Septembre 1789.

CITOYENS,

Quel spectacle nouveau pour vous !

C'est ici, dans cette enceinte sacrée, c'est dans ce temple paisible que vous accouriez en foule il y a deux mois pour la défense de la Patrie menacée, & de votre liberté compromise.

Associé moi-même à votre danger, & élevé à votre tête par vos suffrages, je recueillois alors vos noms honorables, mais je les recueillois, pour ainſi dire, dans le déſordre. Vous vous raſſembliez avec ardeur, mais avec tumulte. Votre marche, malgré le zèle intrépide qui vous animoit, étoit irrégulière; vos mouvemens précipités, votre réunion confuſe, aucun appareil militaire ne vous précédoit, aucune pompe extérieure ne vous entouroit, aucun ſigne éclatant ne ſe déployoit élevé au milieu de vous, enfin les armes même manquoient, en quelque ſorte, à votre courage.

Aujourd'hui quelle ſcène touchante & ſuperbe s'offre à mes regards!

Je vous revois tous dans ce même Temple préſentant enſemble à la Religion attendrie l'hommage reconnoiſſant de votre victoire; transformés tout-à-coup en une légion toute armée, revêtus de l'habit brillant des combats, ralliés ſous le noble étendart de la guerre, je vous revois au milieu de la paix que votre courage vous a procurée, dépoſant ſolemnellement aux pieds des autels, l'honorable Drapeau auquel vous avez déſormais attaché votre liberté, & qui ne peut plus vous être ravi. Un Orateur ſacré, un de ces hommes auſtères qui ont dévoué leur vie à l'exercice des vertus les plus rigoureuſes (1), vient de ſolliciter pour vous les faveurs du ciel, etonné, lui-même de ce nouveau langage de la parole qui lui eſt confiée. Un jeune Héros qui dans l'âge des ſéductions & des eſpérances, a tout ſacrifié à la gloire ſeule, que la paſſion de la liberté a tranſporté dans cet hémiſphère où l'oppreſſion de l'Europe l'avoit forcée de ſe chercher enfin un aſyle, qui le premier a fait connoître la loyauté françoiſe à des peuples que d'anciennes préventions éloignoit de nous ; ce même Héros qui a eu à vingt ans l'honneur immortel d'aider Washington à émanciper l'Amérique (2), vient auſſi dans ce même Temple vous apporter ſon exemple, & vous apprendre, à vous-mêmes, à être libres.... Plus près de vous & à votre tête

(1) Le R. P. Gardien des Capucins qui a exercé, dans cette occaſion, ſon miniſtère d'une manière auſſi noble que touchante.

(2) M. le Marquis de la Fayette.

eſt placé auſſi ce Magiſtrat (1) qui, toujours fidèle aux loix ſévères du devoir, a oſé, dans des tems de corruption, étonner la Cour du ſpectacle de ſes vertus ſimples, qui a eu la hardieſſe généreuſe de s'y montrer le conſtant & véritable ami des peuples, & à qui la faveur ſi ſéduiſante des Rois n'a jamais fait oublier ſa conſcience....

Citoyens! quel moment magnifique pour vous?

Votre gloire aujourd'hui eſt de ne pouvoir plus vous diſtinguer vous-mêmes: toutes vos fonctions ſont mêlées, toutes vos profeſſions réunies, tous vos rangs même confondus; le même amour de la patrie vous raſſemble tous, la même armure vous couvre tous, le même Drapeau vous rallie tous; plus de barrière entre vous, plus d'obſtacle à cette égalité précieuſe qui eſt l'ame de la vraie liberté, plus de diſtinctions, plus de titres; il n'y a plus de titres aujourd'hui que le vôtre, il n'y a plus de fonctions que les vôtres, il n'y

(1) M. d'Ormeſſon, ancien Contrôleur Général des Finances, & Chef de diviſion du Diſtrict.

a plus de gloire même que la vôtre; aujourdh'ui tous les citoyens ſont ſoldats, & tous les ſoldats citoyens.

Mais qui donc a ſi rapidement opéré un ſi grand prodige?

Généreux françois, c'eſt vous-mêmes.

Vous devez ce prodige à votre courage.

Vous le devez à votre zèle patriotique

Vous le devez ſur-tout à ce mouvement ſi prompt & ſi noble qui vous à tous armés de concert contre le danger menaçant que vous couriez tous.

Un ſeul jour, une ſeule réſolution, un ſeul moment vous a affranchis pour jamais.

Vous avez voulu être libres, & vous avez été libres.

Jouiſſez donc maintenant de votre ouvrage & de vos ſuccès. Jouiſſez de cette liberté ſi déſirable que vous avez conquiſe. Jouiſſez-en ſans trouble. Ne craignez plus qu'on vous la raviſſe. Que ces vaines terreurs dont on s'efforce quelquefois de vous aſſiéger ne vous allarment plus. Songez que votre liberté eſt déſormais ſous la garde du Chef illuſtre qui vous commande, & que vous-même vous avez choisi; ce ne ſera pas lui qui la laiſſera envahir en ſe laiſſant ſurprendre. Songez qu'elle eſt auſſi ſous la garde de ces braves Soldats, compagnons honorables de vos dangers, qui vous ont défendus avec tant de zèle, & qui ont mérité de mêler leurs noms glorieux à cette révolution mémorable qui étonnera la poſtérité, & qui va pour ainſi dire changer notre Hiſtoire. Songez enfin, Citoyens, que votre liberté eſt ſous votre garde à vous-mêmes.

Mais en même-tems que nous ſommes affranchis de tous les périls, que nous ſommes ſûrs que le deſpotiſme ne peut plus renaître, que nous recouvrons pour jamais les droits impreſcriptibles & inaliénables de l'homme, ah! ſachons uſer avec ſageſſe de ce grand bienfait de la Providence & du tems; montrons-nous dignes de cette liberté qui nous eſt rendue & que nous poſſédons; redoutons juſqu'aux moindres écarts où notre amour même pour elle pourroit nous conduire.

Sans doute quand la Conſtitution d'un Peuple déja vieilli ſe régénère, quand la face d'un vaſte Empire ſe renouvelle, quand une Nation toute entière ſe relève de l'oppreſſion ſous laquelle elle gémiſſoit depuis pluſieurs ſiècles, il eſt difficile qu'un ſi grand changement n'entraîne pas avec lui des ſecouſſes capables d'ébranler un moment la tranquillité publique; mais c'eſt alors aux vrais Citoyens à redoubler encore de vigilance & de zèle; c'eſt à eux, ſur-tout dans une ville immenſe comme celle-ci, où toutes les paſſions ſe mêlent, où toutes les opinions ſe contrarient, où tous les intérêts ſe combattent, c'eſt à eux, dis-je, à donner l'exemple du reſpect le plus religieux pour la puiſſance publique, ſeule barrière contre les excès ou les déſordres qui nous menacent, & à ſe rallier ſans ceſſe autour d'elle pour la maintenir ſans atteinte.

Eh! qui plus que nous doit ſe montrer jaloux de rendre hommage à cette puiſſance?

C'eſt nous qui l'avons confiée à ce Citoyen vertueux que nous avons pour ainſi dire enlevé à la Nation même, ou plutôt dont elle nous a fait le ſacrifice pour notre bonheur & notre défenſe (1).

---

(1) M. Bailly.

C'eſt nous auſſi qui l'avons dépoſée entre les mains de ces Repréſentans, dont le zèle nous épargne tant de fatigues, & la prévoyance tant d'inquiétudes.

Reſpectons donc notre propre ouvrage.

Sachons nous repoſer de nos intérêts les plus précieux ſur ceux à qui nous avons cru pouvoir les remettre avec ſûreté.

Soyons fidèles à des loix qui émanent de nous.

Sur-tout qu'aucune diviſion inteſtine ne vienne corrompre le bonheur ſi nouveau que nous nous ſommes créé à nous-mêmes.

Citoyens, les diviſions ſont le fléau de la liberté.

Elles ſuffiſent ſeules pour la détruire.

Elles ont perdu toutes les Nations.

Elles ont perdu même celles qui ſe ſont le plus diſputé l'Empire du monde.

Ne ſouffrons donc pas qu'elles pénètrent au milieu de nous.

Toujours unis, nous ſerons invincibles.

Diviſés, nous ſerions à la merci des hommes pervers ou ambitieux qui oſeroient attenter à notre liberté, & qui ſauroient ſe faire un jeu cruel des nos malheurs mêmes.

Parmi nous, dans le ſein de cette aſſociation paiſible qui nous lie les uns aux autres, impoſons-nous mutuellement le joug ſalutaire de cette ſubordination rigoureuſe qui fait fléchir non-ſeulement la volonté, mais l'opinion même devant la Loi. Honorons les Chefs ſi eſtimables que nous nous ſommes donnés. Obéiſſons-leur avec joie. Montrons aux plus jeunes d'entr'eux la même déférence que les plus anciens pourroient réclamer. N'oublions pas que commander ou ſervir n'eſt qu'une ſeule choſe pour la Patrie.

Que la plus conſtante harmonie règne auſſi dans nos exercices, dans nos aſſemblées.

Songeons qu'il n'eſt rien au-deſſus de la paix publique ou particulière, que la liberté même n'eſt point un bien s'il faut l'acheter par des diſcordes, & qu'il n'y a point de ſacrifice qui doive coûter quand c'eſt le ſalut de l'Etat qui doit en être le prix.

Citoyens, ce ſont des vertus que j'oſe ici vous recommander. Mais ces vertus ne vous ſont pas nouvelles, à vous qui au milieu des orages dont vous avez été les témoins, & qui accompagnent toujours les révolutions des Empires, vous êtes diſtingués par une modération & une ſageſſe peut-être rares, à vous qui avez donné à vos Concitoyens l'exemple d'une concorde vraiment fraternelle, à vous qui n'avez montré aucune prétention ambitieuſe, & qui avez eu ſouvent la prudence de placer votre devoir même dans votre inaction. Ah ! ce n'eſt pas pour vous qu'il peut être difficile de continuer à vous reſſembler à vous-mêmes.

Citoyens, j'oſerai vous le dire en finiſſant, la plus touchante reconoiſſance que vous puiſſiez dépoſer aux pieds de ce Prince adoré qui vous a fait de ſi étonnans ſacrifices, & qui eſt devenu ſi grand par ces ſacrifices même, de ce Prince qui le premier d'entre les Rois a eu le noble courage de diminuer ſa puiſſance pour l'affermir, de ce Prince qui forcera l'Hiſtoire de douter ſi aucun autre Souverain ſur la terre l'a égalé en véritable amour pour ſes Peuples, c'eſt le ſpectacle de votre bonheur.

C'eſt la ſeule reconnoiſſance auſſi dont vous puiſſiez payer les ſervices immortels de ce Miniſtre (1) ſi digne d'être aſſocié à un tel Monarque, de ce Miniſtre qui au milieu de toutes les gloires, ſi je puis m'exprimer ainſi, ne ſe montre ſenſible qu'à la gloire-même de nous ſervir, & n'eſt occupé que d'ajouter au bien qu'il nous fait le bien même qu'il nous prépare, de ce Miniſtre enfin qui dans nos malheurs a été pour nous comme une ſorte de Providence conſolatrice, qui nous a ſauvés des déſaſtres de la nature & des attentats de nos ennemis.

---

(1) M. Necker.

F I N.

www.ingramcontent.com/pod-product-compliance
Lightning Source LLC
LaVergne TN
LVHW010250220826
846091LV00007B/3048
9782014440195